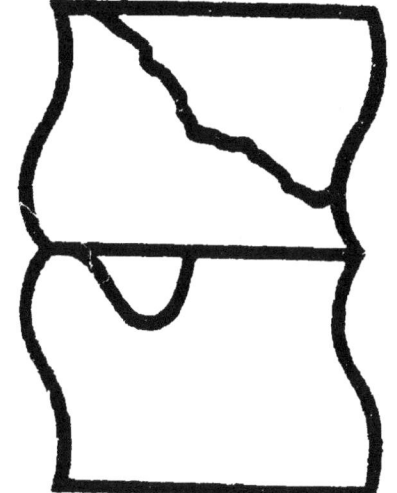

Texte détérioré — reliure défectueuse
NF Z 43-120-11

I0174161

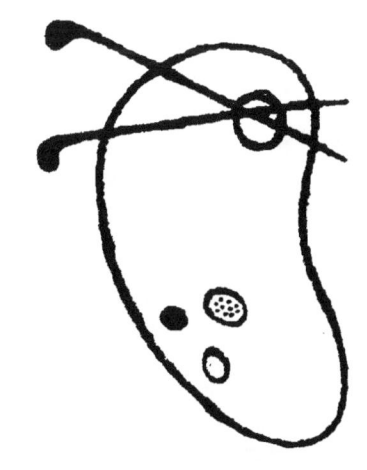

Début d'une série de documents en couleur

COUVERTURES SUPERIEURE ET INFERIEURE D'IMPRIMEUR.

8° Y² 16957

Fin d'une série de documents
en couleur

LE SAPEUR DE DIX ANS

12º SÉRIE. — Format in-12.

POITIERS. — IMPRIMERIE OUDIN ET Cⁱᵉ.

BILBOQUET.

FRÉDÉRIC SOULIÉ

LE
SAPEUR DE DIX ANS

SUIVI DE

LA BATAILLE D'AUSTERLITZ
MURAT ET DAVOUST

Nouvelle édition.

PARIS
LECÈNE, OUDIN ET Cⁱᵉ, ÉDITEURS
17, RUE BONAPARTE, 17

1893

LE
SAPEUR DE DIX ANS

Il y avait en 1812, au 9ᵉ régiment de ligne, un petit tambour qui n'avait que dix ans. C'était un enfant de troupe qui s'appelait Frolut de son véritable nom, mais que les soldats avaient surnommé Bilboquet. En effet, il avait un corps si long, si maigre et si fluet, surmonté d'une si grosse tête, qu'il ressemblait assez à l'objet dont on lui avait donné le nom. Frolut ou Bilboquet, comme vous voudrez, n'était pas, du reste, un garçon autrement remarquable. Le tambour-maître lui avait si souvent battu la mesure sur les épaules avec sa grande canne de jonc, que l'harmonie du *ra* et du *fla* avait fini par lui entrer dans la tête et dans les mains. Voilà tout. Mais il ne portait pas le bonnet de police hardiment suspendu sur l'oreille droite, comme les moindres le faisaient; il ne savait pas non plus marcher en se dandinant agréablement, à l'exemple de ses supérieurs, et un jour de paie, qu'il avait voulu laisser pendre son sabre par devant et entre ses jambes, comme les élégants du régiment, il s'était embarrassé les pieds en courant, et était tombé sur son nez, qu'il s'était horriblement écorché, à la grande joie de ses camarades. On riait beaucoup de lui, qui ne riait de personne, de sorte qu'il n'y avait pas égalité : aussi y avait-il dans ses habitudes un fond de sauvagerie et d'éloignement bien rare à son âge. Mais comment en eût-il été autrement?

Souvent il avait voulu faire comme les autres; mais, par un guignon inconcevable, il ne réussissait à rien. Quand il jouait à la drogue, il perdait toujours; et, soit malice des autres tambours, soit qu'il eût en effet un nez en pomme de terre, comme le prétendait son camarade de gauche, qui, tous les matins, lui répétait les mêmes plaisanteries en lui disant : « Range ton nez que je m'aligne »; soit toute autre cause, toujours est-il que la drogue qu'on lui mettait sur le nez le pinçait si horriblement que les larmes lui en venaient aux yeux.

D'autres fois, quand on jouait à la main chaude et qu'il était pris, au lieu de frapper avec la main, et des mains de grenadiers, larges comme des battoirs de blanchisseuses, — c'était déjà bien honnête, — on prenait des ceinturons, sans en ôter souvent la boucle; il y en avait qui s'armaient de leurs gros souliers à clous et qui s'en servaient pour jouer. Le jeune Bilboquet se levait alors, furieux; pleurant de rage et de douleur, il s'en prenait à tout

D'autres fois, on jouait à la main chaude.

le monde et ne devinait jamais. Puis, quand on était fatigué de lui avoir ainsi meurtri les mains, on le chassait en l'appelant lâche et pleurard. Le lendemain on retournait à l'exercice, et comme le malheureux tambour avait encore les mains tout endolories de la veille, les *ra* et les *fla* n'étaient pas toujours parfaits, et la canne de jonc du tambour-maître venait immédiatement rétablir la mesure. Vous comprenez qu'il y avait de quoi dégoûter Bilboquet des plaisirs militaires : aussi, comme je vous le disais tout à l'heure, il était très peu communicatif, et se tenait toujours à l'écart.

Un jour, c'était le 12 juillet 1812, le général reçoit de l'Empereur l'ordre de s'emparer d'une position qui était de l'autre côté d'un énorme ravin. Ce ravin était défendu par une batterie de six pièces de canon, qui enlevait des files entières de soldats; et, pour arriver à l'endroit qu'avait désigné l'Empereur, il fallait s'emparer de cette batterie. A ce moment, le régiment de Frolut était sur le bord de la Dwina; car l'histoire que je vous rapporte s'est passée dans la fameuse campagne de Russie. Tout à coup on voit arriver au grand galop un aide de camp du général qui apportait l'ordre à deux compagnies de voltigeurs de s'emparer de cette batterie: c'était une opération hardie, où il y avait à parier que périraient les trois quarts de ceux que l'on y envoyait : aussi les voltigeurs, malgré leur intrépidité, se regardèrent-ils entre eux en secouant la tête et en haussant les épaules ; on entendit même quelques-uns, et des plus anciens, qui dirent tout bas en grognant et en se montrant les canons : « Est-ce qu'il croit, le général, que ces cadets-là crachent des pommes cuites? » Ou bien : « Est-ce qu'il a envie de nous servir en hachis aux Cosaques, qu'il nous envoie deux cents contre cette redoute ? »

— Soldats ! s'écria l'aide de camp, c'est l'ordre de l'Empereur; — et il repartit au galop.

— Fallait donc le dire tout de suite, blanc-bec, dit alors un vieux sergent en assujettissant sa baïonnette au bout du fusil. Allons, allons! faut pas faire attendre le Caporal! Quand il vous a dit de vous faire tuer, il n'aime pas qu'on rechigne.

Cependant il entrait encore quelque hésitation dans la compagnie, et déjà deux fois le capitaine qui les commandait avait donné l'ordre au tambour-maître de prendre deux tambours, de se mettre en avant et de battre la charge. Celui-ci restait appuyé sur sa grande canne, hochant la tête et peu disposé à obéir.

Pendant ce temps, Bilboquet, à cheval sur son tambour et les yeux levés sur son chef, sifflait un air de fifre, et battait le pas accéléré avec ses doigts. Enfin l'ordre venait d'être donné une troisième fois au tambour-maître : il ne paraissait pas disposé à obéir davantage, lorsque tout à coup Bilboquet se relève, accroche son tambour à son côté, prend ses baguettes, et, passant sous le nez du tambour-maître, il le toise avec orgueil, lui rend d'un seul mot toutes les injures qu'il avait sur le cœur, et lui dit : Viens donc, grand lâche !

Le tambour-maître veut lever sa canne, mais déjà Bilboquet était à la tête des deux compagnies, battant la charge comme un enragé. Les soldats à cet aspect s'avancent après lui et courent vers la terrible batterie. Elle décharge d'un seul coup ses six pièces de canon, et des rangs entiers de nos braves voltigeurs s'abattent et ne se relèvent plus. La fumée poussée par le vent les enveloppe, le fracas du canon les étourdit, mais la fumée passe, le bruit cesse un instant, et ils voient debout, à vingt pas devant eux, l'intrépide Bilboquet battant, battant la charge, et ils entendent son tambour, dont le bruit, tout faible qu'il soit, semble narguer tous ces gros canons qui viennent de tirer. Les voltigeurs courent toujours, et toujours devant eux le tambour et son terrible *rlan*, *rlan* qui

Voltigeur de la garde.

les appelle; enfin une seconde décharge de la batterie éclate et perce d'une grêle de mitraille les débris acharnés des deux belles compagnies. A ce moment Bilboquet se retourne et voit qu'il reste à peine cinquante hommes des deux cents qui étaient partis, et aussitôt, comme transporté d'une sainte fureur de vengeance, il redouble le fracas : on eût dit vingt tambours battant à la fois ; jamais le tambour-maître n'avait si hardiment frappé une caisse. Les soldats s'élancent de nouveau et entrent dans la batterie, Bilboquet le premier, criant à tue-tête aux Russes :

— Les morceaux en sont bons, les voici ; attendez, attendez !

Pendant ce temps, Napoléon, monté sur un tertre, regardait exécuter cette prise héroïque. A chaque décharge il tressaillait sur son cheval isabelle ; puis, quand les soldats entrèrent dans la batterie, il baissa sa lorgnette en disant tout bas : Braves gens ! !

Et dix mille hommes de la garde qui

étaient derrière lui se mirent à battre des mains et applaudirent en criant :

— Bravo, les voltigeurs ! Et ils s'y connaissaient, je vous jure.

Aussitôt, sur l'ordre de Napoléon, un aide de camp courut au galop jusqu'à la batterie et revint.

— Combien sont-ils arrivés ? dit l'Empereur.

— Quarante ! répondit l'aide de camp.

— Quarante croix demain, dit l'Empereur en se retournant vers son major général.

Véritablement le lendemain, tout le régiment forma un grand cercle autour des restes des deux compagnies de voltigeurs, et on appela successivement le nom des quarante braves qui avaient pris la batterie, et l'on remit à chacun la croix de la Légion d'honneur. La cérémonie était finie et tout le monde allait se retirer,

lorsqu'une voix sortit du rang et fit entendre ces mots avec un singulier accent de surprise :

— Et moi ! moi ! Je n'ai donc rien ?

Le général B.... qui distribuait les croix se retourna et vit planté devant lui notre camarade Bilboquet, les joues rouges et l'œil presque en larmes.

— Toi ! lui dit-il, que demandes-tu ?

— Mais, mon général, j'en étais, dit Bilboquet presque en colère ; c'est moi qui battais la charge en avant ; c'est moi qui suis entré le premier.

— Que veux-tu, mon garçon ! on t'a oublié, répondit le général ; d'ailleurs, ajouta-t-il en considérant que c'était un enfant, tu es encore bien jeune, et on te la donnera quand tu auras de la barbe au menton ; en attendant, voilà de quoi te consoler.

En disant ces paroles, le général tendit une pièce de vingt francs au pauvre Bilboquet, qui la regarda sans penser à la prendre. Il s'était fait un grand silence autour de lui, et chacun le considérait attentivement; lui, demeurait immobile devant le général, et de grosses larmes roulaient dans ses yeux. Ceux qui s'étaient le plus moqués de lui paraissaient attendris, et peut-être allait-on élever une acclamation en sa faveur, lorsqu'il releva vivement la tête, comme s'il venait de prendre une grande résolution, et il dit au général :

— C'est bon! donnez toujours. Ce sera pour une autre fois.

Et, sans plus de façon, il mit la pièce dans sa poche, et s'en retourna dans son rang, en sifflant d'un air délibéré et satisfait.

A partir de ce jour, on ne se moqua plus autant du petit Bilboquet, mais il n'en devint pas pour cela plus communicatif ; au contraire, il semblait rouler dans sa tête quelque fameux projet, et, au lieu de régaler ses camarades, comme ils s'y attendaient, il serra soigneusement son argent.

Quelque temps après, les troupes françaises entrèrent à Smolensk, victorieuses et pleines d'ardeur; Bilboquet en était, et le jour même de l'arrivée, il alla se promener par la ville, paraissant très content de tous les visages qu'il rencontrait; il les considérait d'un air riant, et semblait les examiner comme un amateur qui choisit des marchandises. Il faut vous dire cependant qu'il ne regardait ainsi que les paysans qui portaient de grandes barbes. Elles étaient sans doute très belles et bien fournies, mais d'un roux si laid, qu'après un moment d'examen, Bilboquet tournait la tête et allait plus loin. Enfin, en allant ainsi, notre tambour arriva au quartier des Juifs. Les Juifs, à Smolensk, comme dans toute la Pologne et la Russie, vendent toute sortes d'objets et ont un quartier particulier. Dès que Bilboquet y fut entré, ce fut pour lui un vrai ravissement : imaginez-vous les plus belles barbes du monde, noires comme de l'ébène ; car la nation juive, toute dispersée qu'elle est parmi les autres nations, a gardé la teinte brune de sa peau et le noir éclat de ses cheveux. Voilà donc notre Bilboquet enchanté. Enfin il se décide et entre dans une boutique où se trouvait un marchand magnifiquement barbu. Le marchand s'approche de notre tambour et lui demande humblement en mauvais français :

— Que foulez-fous, mon petit monsieur ?

— Je veux ta barbe, répondit cavalièrement Bilboquet.

— Mon parpe ! dit le marchand stupéfait ; fous foulez rire ?

— Je te dis, vaincu, que je veux ta barbe, reprend le vainqueur superbe en passant la main sur son sabre; mais ne crois pas que je veuille te la voler: tiens, voilà un napoléon, tu me rendras mon reste.

Je veux ta barbe.

Le pauvre marchand voulut faire entendre raison au petit Bilboquet, mais il était entêté comme un cheval aveugle, et il s'engagea une dispute qui attira bientôt quelques soldats. Ils entrèrent pour s'informer du motif de la querelle, et ils trouvèrent l'idée du tambour si drôle qu'ils obligèrent le pauvre juif à lui céder sa barbe, et l'un d'eux, gascon et perruquier du régiment, tira des rasoirs de sa poche et se mit à raser le malheureux marchand sans eau ni savon ; puis, après l'avoir horriblement écorché, il remit sa tonte à Bilboquet qui l'emporta triomphant. En arrivant au régiment, il la fit coudre par le tailleur sur un morceau de peau d'âne d'un tambour crevé, et, sans rien dire à personne de son dessein, il la mit au fond de son sac. On en causa pendant quelques jours ; mais il fallut bientôt songer à autre chose. On se remit en marche, et personne ne pensait plus au petit Bilboquet, quand on arriva à Moscou.

Alors il arriva d'affreux malheurs : le froid et la dévastation privèrent l'armée française de toutes ses ressources, la famine l'atteignit, et bientôt il fallut se retirer à travers un pays désert et des neiges sans fin. Je ne veux pas vous faire un tableau de cet horrible désastre; c'est une chose trop triste et trop épouvantable à la fois pour que je vous en parle dans cette histoire. Qu'il vous suffise de savoir que chacun s'en retournait comme il le pouvait, et que c'est à peine s'il restait quelques régiments réunis en corps d'armée et obéissant à ses généraux. Celui de Bilboquet était de ce nombre, il était de l'arrière-garde qui empêchait les milliers de Cosaques qui suivaient la retraite de l'armée de massacrer les malheureux soldats isolés.

Un jour, ils venaient de franchir une petite rivière, et pour retarder la poursuite des ennemis, on avait essayé de faire sauter deux arches du pont en bois qu'on venait de traverser; mais les tonneaux de poudre avaient été posés si précipitamment, que l'explosion ne produisit que peu d'effet ; les arches furent cependant démantibulées, mais toute la charpente appuyait encore sur une poutre qui la retenait, et qui, si les ennemis fussent arrivés, eût bientôt permis de reconstruire le pont.

Le général qui commandait, voyant que le salut d'une partie de l'armée dépendait de la destruction de ce pont, voulut envoyer quelques sapeurs pour abattre cette poutre et entraîner le reste de la charpente ; mais, au moment où ils s'apprêtaient à s'embarquer, l'ennemi arrive de l'autre côté de la rivière et commence un feu si terrible de coups de fusil, qu'il ne paraissait pas probable qu'aucun sapeur vivant pût arriver jusqu'à la fatale poutre. Aussi allait-on se retirer en se défendant, lorsque tout à coup on voit s'élancer un soldat dans la rivière, une hache sur l'épaule ; il plonge et reparaît peu après, et à sa barbe on reconnaît bientôt que c'est un sapeur qui se dévoue au salut de tous. Tout le régiment attentif le suit des yeux, tandis qu'il nage et que

Que signifie cette mascarade ?

les ennemis font bouillonner l'eau autour de lui d'une grêle de balles ; mais le brave sapeur n'en avance pas moins vigoureusement. Enfin il arrive après des efforts inouïs monte sur le pied de la pile, et en quelques coups de hache abat le reste de la poutre qui de loin semblait énorme, mais qui était aux trois quarts brisée. Aussitôt la charpente des deux arches s'abîme dans la rivière, l'eau jaillit en l'air avec un fracas épouvantable, et l'on ne voit plus le brave sapeur. Mais tout à coup, parmi les débris qui surnagent, on l'aperçoit se dirigeant vers la rive. Tout le monde s'y élance, rempli d'admiration et de joie, car, malgré tant de malheurs, on était joyeux de voir faire de si nobles actions; on tend des perches au nageur, on l'excite, on l'encourage; le général lui-même s'approche au bord de l'eau, et n'est pas peu étonné de voir sortir Bilboquet avec une grande barbe noire pendue au menton.

— Qu'est-ce que c'est que ça? s'écrie-t-il, et que signifie cette mascarade?

— C'est moi, dit le tambour, c'est Bilboquet, à qui vous avez dit qu'on lui donnerait la croix quand il aurait de la barbe au menton. En voici une qui est fameuse, j'espère... Allez, allez, je n'y ai rien épargné; il y en a pour votre argent, et vos vingt francs y ont passé !

Le général demeura stupéfait de tant de courage et de finesse à la fois. Il prit la main à Bilboquet comme s'il eût été un homme, et lui donna, sur-le-champ, la croix que lui-même portait à sa boutonnière, et qu'il avait gagnée à force de bravoure et de services. Depuis ce temps, les anciens du régiment saluaient Bilboquet avec amitié, et le tambour-maître ne lui donna plus de coups de canne.

BATAILLE D'AUSTERLITZ

BATAILLE D'AUSTERLITZ

Le 24 septembre 1805, l'Empereur partit de Paris.

Le 21 octobre, après les combats de Wertingen, de Gunzbourg, de Memmingen d'Elchingen, de Néresheim, et la capitulation d'Ulm, il adressait cette proclamation à ses soldats :

« Soldats de la Grande Armée !

« En quinze jours nous avons fait une

campagne ; ce que nous nous proposions de faire est rempli. Nous avons chassé de la Bavière les troupes de la Maison d'Autriche et rétabli notre allié dans la souveraineté de ses Etats.

« Cette armée qui, avec autant d'ostentation que d'imprudence, était venue se placer sur nos frontières, est anéantie.

« Mais qu'importe à l'Angleterre? son but est rempli : nous ne sommes plus à Boulogne, et son subside n'en sera ni plus ni moins grand.

« De cent mille hommes qui composaient cette armée, soixante mille sont prisonniers. Ils iront remplacer nos conscrits dans les travaux de la campagne.

« Deux cents pièces de canon, tout le parc, quatre-vingt-dix drapeaux, tous leurs généraux sont en notre pouvoir. Il ne s'est pas échappé de cette armée quinze mille hommes.

« Soldats, je vous avais annoncé une grande bataille ; mais, grâce aux mauvaises combinaisons de l'ennemi, j'ai pu obtenir les mêmes succès sans courir aucune chance ; et, ce qui est sans exemple dans l'histoire des nations, un si grand résultat ne nous affaiblit pas de plus de quinze cents hommes hors de combat.

« Soldats ! ce succès est dû à votre confiance sans borne dans votre général à votre patience à supporter les fatigues et les privations de toute espèce, à votre rare intrépidité.

« Mais ne nous arrêtons pas là : vous êtes impatients de commencer une seconde campagne.

« Cette armée russe, que l'or de l'Angleterre a transportée des extrémités de l'univers, nous allons lui faire éprouver le même sort.

« A ce combat est attaché plus spécialement l'honneur de l'infanterie française : c'est là que va se décider pour la seconde fois cette question qui l'a déjà été une fois en Suisse et en Hollande, si l'infanterie française est la première ou la seconde de l'Europe.

« Il n'y a pas là de généraux contre lesquels je puisse avoir de la gloire à acquérir, tout mon soin sera d'obtenir la victoire avec le moins possible d'effusion de sang. Mes soldats sont mes enfants. »

Quelques jours après, Napoléon était à Munich; il avait exécuté le passage de l'Inn, passé l'Ens, battu les ennemis aux combats d'Amstetten, de Dirnstein et de Saint-Poelten ; le 13 novembre il était à Vienne; encore quelques jours, il s'avance en Moravie, et le 2 décembre il tenait parole à son armée d'Austerlitz.

L'avant-veille il lui adresse cette proclamation :

« Soldats!

« L'armée russe se présente devant vous pour venger l'armée autrichienne d'Ulm; ce sont les mêmes bataillons que vous avez battus à Hollabrunn, et que depuis vous avez poursuivis constamment jusqu'ici. Les positions que nous occupons sont formidables, et pendant qu'ils marcheront pour tourner ma droite, ils me présenteront le flanc.

« Soldats! je dirigerai moi-même vos bataillons : je me tiendrai loin du feu, si, avec votre bravoure accoutumée, vous portez le désordre et la confusion dans les rangs ennemis; mais si la victoire était un moment indécise, vous verriez votre Empereur s'exposer aux premiers coups; car la victoire ne saurait hésiter, dans cette journée surtout où il y va de l'honneur de l'infanterie française qui importe tant à l'honneur de toute la nation.

« Que, sous prétexte d'emmener les blessés, on ne dégarnisse pas les rangs, et que chacun soit bien pénétré de cette pensée, qu'il faut vaincre ces stipendiés de l'Angleterre, qui sont animés d'une si grande haine contre notre nation

« Cette victoire finira notre campagne, et nous pourrons reprendre nos quartiers d'hiver ou nous serons joints par les nouvelles armées qui se forment en France; et alors la paix que je ferai sera digne de mon peuple, de vous et de moi. »

Le soir même, l'Empereur, voulant juger de l'effet qu'avait produit cette proclamation, se rend à pied dans tous les bivouacs pour les visiter incognito ; mais à peine est-il arrivé qu'il est reconnu par les soldats : les premiers s'imaginent, pour éclairer sa marche, de rouler la paille sur laquelle ils couchaient et de l'attacher comme un flambeau au bout de leurs baïonnettes ; mais dès que quelques-uns ont accompli leur dessein, tous les bivouacs imitent cet exemple, et près de 50,000 fanaux ainsi allumés montrent à l'Empereur son armée debout devant lui; tandis que ces flambeaux s'agitaient dans l'air, d'enthousiastes acclamations accueillaient Napoléon sur son passage.

Un des plus vieux grenadiers s'approche de lui et lui dit, en faisant allusion à sa proclamation : « Sire, tu n'auras pas besoin de t'exposer; je te promets, au nom des grenadiers de l'armée, que tu n'auras à combattre que des yeux, et que nous t'amènerons demain les drapeaux et l'artillerie de l'armée russe, pour célébrer l'anniversaire de ton couronnement. »

— Ce sera notre bouquet! s'écrie-t-on de tous côtés.

Lorsque l'Empereur rentra à la mauvaise cabane de paille que ses grenadiers lui avaient construite, il dit aux généraux qui l'entouraient : « Messieurs, voilà la plus belle soirée de ma vie. »

Si les Russes avaient pu être témoins de ce spectacle, sans doute ils eussent perdu de leur jactance, et ils n'eussent point parlé aussi légèrement qu'ils le faisaient de cette armée qu'ils devaient, disaient-ils, anéantir du premier choc et conduire prisonnière en Russie. Mais la fortune leur devait la terrible leçon qu'ils reçurent dans cette occasion. D'ailleurs Savary, envoyé à l'empereur Alexandre, avait été témoin de la fatuité de leurs jeunes officiers et en avait rendu compte à Napoléon, qui lui-même avait reçu l'aide de camp russe Dolgorowski, dont l'impertinence l'eût sans doute indigné, si elle ne lui eût fait pitié.

Napoléon, au contraire, ménagea cette sotte confiance des Russes en leur supériorité. Des démonstrations de crainte et d'embarras furent habilement ménagées en présence de l'armée ennemie, et le 2 décembre arriva.

A une heure du matin, l'Empereur monta à cheval et parcourut lui-même tous les postes, s'informant partout de ce que les grands'gardes avaient pu apprendre de l'armée ennemie. Il sut que les Russes avaient passé la nuit dans l'ivresse et qu'ils traitaient avec le plus profond mépris le peu d'Autrichiens qui, échappés à la première campagne, leur conseillaient un peu de circonspection.

Enfin le soleil se leva, et alors commença cette fameuse bataille que les soldats ont appelée longtemps la bataille *des trois empereurs*, que d'autres nommaient la bataille *de l'anniversaire*, et qui a gardé le nom de bataille d'Austerlitz, que Napoléon lui a imposé.

L'Empereur, entouré de tous ses maréchaux, attendit que le jour fût tout à fait éclairci pour donner ses derniers ordres. Bientôt les brouillards du matin se dissipent, chacun des maréchaux s'approche de l'Empereur, reçoit ses instructions, et part ensuite au galop pour rejoindre son corps, entouré lui-même d'un flot d'officiers et d'aides de camp.

Lannes court prendre le commandement de la gauche de l'armée; il avait avec lui Suchet et Caffarelli. Bernadotte est appelé à diriger le centre; les généraux Rivaud et Drouet commandent sous lui. Enfin l'Empereur confie la droite de son armée au maréchal Soult, dont le corps d'armée se compose des divisions Vandamme, Saint-Hilaire et Legrand. Murat réunit toute la cavalerie sous son commandement, et se place entre la gauche et le centre.

L'Empereur, avec Berthier, Junot et tout son état-major, reste en réserve avec dix bataillons de sa garde, dix bataillons du général Oudinot et quarante pièces de canon. Bientôt il s'élance lui-même au galop, passe sur le front de la plupart des régiments :

« Soldats, leur dit-il, il faut finir cette campagne par un coup de tonnerre qui écrase l'orgueil de nos ennemis. »

Au 28ᵉ de ligne, presque tout composé des conscrits du Calvados, il dit: « J'espère que les Normands se distingueront aujourd'hui. » Il dit au 57ᵉ : « Souvenez-vous que je vous ai surnommé le *terrible*. » Ainsi il enflamme tous les esprits.

Partout les cris de: « Vive l'Empereur ! » lui répondent, et le signal du combat est donné.

Aussitôt Soult s'avance et coupe la droite de l'ennemi. Lannes marche sur sa gauche, s'échelonnant par régiments comme dans un jour d'exercice. Murat s'élance avec sa cavalerie. Une canonnade de deux cents pièces s'engage sur toute la ligne, deux cent mille hommes en viennent aux mains. C'était un bruit horrible, un choc immense, une épouvantable lutte.

Cependant un bataillon du 4ᵉ de ligne se laisse enfoncer par la garde impériale russe à cheval. L'Empereur le voit : « Bessières, Bessières ! dit-il rapidement, tes invincibles à la droite. » Il dit. Rapp se met à leur tête, et en peu d'instants les deux gardes impériales à cheval sont face à face ; ce ne fut qu'un moment. Au bout de quelques minutes, colonel, artillerie, étendard, tout était au pouvoir de Rapp.

La garde impériale française à pied voit ces exploits et murmure. Quatre fois elle demande à grands cris à se porter en avant; mais l'Empereur la maintient, et, malgré leur amour, les grenadiers le maudissent alors. « Il n'y a jamais rien pour nous », s'écrie un soldat en pleurant de rage et en jetant son fusil.

— Soldats, vous avez aussi votre gloire, restez calmes! Votre immobilité combat et triomphe.

Bientôt Rapp reparaît, le sabre brisé, couvert de poudre et de fumée; il mène à sa suite le prince Kepmin qu'il vient de faire prisonnier.

Cependant, des hauteurs d'Austerlitz, les empereurs d'Autriche et de Russie voient la défaite de leur garde; ils tentent de la faire secourir, mais Bernadotte s'avance à son tour, et la victoire n'était déjà plus douteuse. L'ennemi, qui avait été chassé de toutes ses positions, se trouvait à ce moment dans un bas-fond, acculé à un lac qu'il passait en tumulte sur la glace. L'Empereur s'y porte avec vingt pièces de canon. « Faut-il les mitrailler? » demanda Berthier? » — « Il faut les anéantir, » répond l'Empereur. Et aussitôt, d'après son ordre, les canons, au lieu d'être dirigés sur les troupes, sont pointés sur la glace : ils la brisent par larges glaçons où des compagnies entières flottent un moment et s'abiment ensuite; dix mille hommes périrent ainsi, poussant d'horribles cris, maudissant les imprudents souverains qui les ont exposés à la colère française.

L'Empereur apprit ainsi, le lendemain, le résultat de sa victoire à la Grande Armée.

« Soldats!

« Je suis content de vous : vous avez, à la journée d'Austerlitz, justifié tout ce que j'attendais de votre intrépidité. Vous avez décoré vos aigles d'une immortelle gloire.

Une armée de cent mille hommes, commandée par les empereurs de Russie et d'Autriche, a été en moins de quatre heures coupée ou dispersée; ce qui a échappé à votre fer s'est noyé dans les lacs.

« Quarante drapeaux, les étendards de la garde impériale de Russie, cent vingt pièces de canons, vingt généraux, plus de trente mille prisonniers sont le résultat de cette journée à jamais célèbre. Cette infanterie tant vantée et en nombre supérieure n'a pu résister à votre choc, et désormais vous n'avez plus de rivaux à redouter. Ainsi en deux mois, cette troisième coalition a été vaincue et dissoute. La paix ne peut plus être éloignée; mais, comme je l'ai promis à mon peuple, avant de passer le Rhin, je ne ferai qu'une paix qui nous donne des garanties, et assure des récompenses à nos alliés.

« Soldats, lorsque le peuple français

plaça sur ma tête la couronne impériale, je me confiai à vous pour la maintenir toujours dans ce haut éclat de gloire qui seul pouvait lui donner du prix à mes yeux. Mais dans le même moment nos ennemis pensaient à la détruire et à l'avilir; et cette couronne de fer, conquise par le sang de tant de Français, ils voulaient m'obliger à la placer sur la tête de nos plus cruels ennemis, projets téméraires et insensés, que, le jour même de l'anniversaire du couronnement de votre Empereur, vous avez anéantis et confondus. Vous leur avez appris qu'il est plus facile de nous menacer et de nous braver que de nous vaincre.

« Soldats, lorsque tout ce qui est nécessaire pour assurer le bonheur et la prospérité de notre patrie sera accompli, je vous ramènerai en France. Là, vous serez l'objet de mes plus tendres sollicitudes. Mon peuple vous reverra avec joie; et il vous suffira de dire : « J'étais à la bataille d'Austerlitz », pour que l'on réponde : « Voilà un brave ! »

Deux jours après, il rendait les décrets suivants et témoignait ainsi sa reconnaissance à ses braves soldats :

PREMIER DÉCRET.

« Les veuves des généraux morts à la bataille d'Austerlitz jouiront d'une pension de 6,000 francs, leur vie durant; les veuves des colonels et des majors, d'une pension de 2,400 francs; les veuves des capitaines, d'une pension de 1,200 francs; les veuves des lieutenants et sous-lieutenants, d'une pension de 800 francs; les veuves des soldats, d'une pension de 200 francs. »

SECOND DÉCRET.

« ART. 1. Nous adoptons tous les enfants

des généraux, officiers et soldats morts à la bataille d'Austerlitz.

« ART. 2. Ils seront tous entretenus et evés à nos frais : les garçons dans notre lais impérial de Rambouillet, et les filles dans notre palais impérial de Saint-Germain. Les garçons seront ensuite placés et les filles mariées par nous.

« ART. 3. Indépendamment de leurs noms de baptême et de famille, ils auront le droit d'y joindre celui de Napoléon. »

Quelques jours encore après, il passa la revue de toutes les divisions de son armée, et donna partout des marques de son contentement. A chacun il témoigna, dans ses ordres du jour, sa satisfaction de sa brillante conduite. Enfin, à la revue de la division Vandamme, il arrive devant le front du 1er bataillon du 4e de ligne qui avait ployé un moment sous l'effort de la garde russe. Il s'arrête, son visage se rembrunit, il parcourt la ligne d'un coup d'œil irrité, et tout à coup il s'écrie brusquement : « Soldats, qu'avez-vous fait de l'aigle que je vous ai donnée? Vous m'aviez juré de la défendre jusqu'à la mort. » Un silence profond répond seul à cette vive interpellation. Cependant le major du régiment s'avance : « Sire, dit-il, le porte-drapeau a été tué au moment de la charge; immédiatement après, on nous a ordonné un mouvement sur la droite, et ce n'est qu'alors que nous nous sommes aperçus que notre drapeau avait disparu. — Et qu'avez-vous fait alors sans drapeau? reprend l'Empereur avec sévérité. — Sire, ajouta le major, nous avons été chercher ceux-ci pour prier Votre Majesté de nous rendre une aigle en échange. » Et deux grenadiers s'avancent, portant chacun un drapeau enlevé à des régiments russes. L'Empereur les considère et semble hésiter un moment : — « Soldats, jurez-vous qu'aucun de vous ne s'est aperçu de la perte de son aigle? — Nous le jurons! répond le régiment entier. — Jurez-vous, reprend l'Empereur, que vous seriez tous morts pour le reprendre, si vous l'aviez su? — Nous le jurons! répond encore le régiment. — Et vous garderez celle que je vous donnerai, car un soldat qui a perdu son drapeau a tout perdu. »— Des cris tumultueux répondent encore. « C'est un serment solennel et terrible à la fois. — Eh bien! dit l'Empereur en souriant, je prends vos drapeaux et je vous rendrai votre aigle. »

Voilà quelle fut la conduite du seul corps qui ne fut pas irréprochable dans cette bataille. En tout autre occasion, c'eût été de la gloire; à Austerlitz, ce fut à peine une excuse.

MURAT ET DAVOUST

Le maréchal Davoust.

MURAT ET DAVOUST

Napoléon venait de mettre Davoust sous les ordres de Murat, qui commandait l'avant-garde de l'armée : c'était le 27 août. Le 28, Murat pousse l'ennemi au delà de l'Osma. Avec sa cavalerie, il passe la rivière et attaque vivement les Russes qui s'étaient logés sur une hauteur, de l'autre côté de l'eau, et qui pouvaient aisément y soutenir un combat opiniâtre ; ils le firent d'abord avec quelque succès, et Murat, voulant épargner, quoi qu'on dise, sa cavalerie dans un endroit dont le terrain était difficile, fit ordonner à une batterie de Davoust de soutenir son opération, et d'inquiéter l'ennemi sur les hauteurs. Il attend quelques moments pour juger de l'effet de cette nouvelle attaque; mais tout se tait, et les Russes, profitant de cette singulière inaction, se précipitent de leurs éminences et refoulent un moment la cavalerie du roi de Naples jusqu'aux bords de l'Osma, qui coule dans les creux d'un ravin au fond duquel elle est menacée d'être précipitée. Murat soutient les soldats de ses paroles, de son exemple, et envoie un nouvel ordre au commandant de la batterie; mais, encore une fois, rien ne répond à cet ordre, et bientôt on apporte au roi la nouvelle que le commandant, alléguant ses instructions, qui lui défendaient, sous peine de destitution, de combattre sans l'ordre de Davoust, avait formellement refusé de tirer. Un moment de colère anime la figure du roi de Naples; mais un péril plus pressant l'appelle; les

Russes continuent à presser la cavalerie. Il prend aussitôt le quatrième de lanciers, le précipite sur l'ennemi, et enlève en un moment les hauteurs que Davoust pouvait balayer avec son canon.

Le lendemain, les deux lieutenants de Napoléon se trouvaient en présence de lui : le roi de Naples, fort d'avoir justifié sa témérité par un succès; le prince d'Eckmulh, calme dans son opinion basée sur une science souvent éprouvée. Murat s'était plaint amèrement des ordres donnés par Davoust à ses subordonnés. L'Empereur avait écouté, les mains derrière le dos, la tête légèrement penchée sur sa poitrine, cachant un air de satisfaction et jouant du bout du pied avec un boulet russe qu'il faisait rouler devant lui et qu'il suivait avec attention. Davoust, irrité, ne demeura pas sans réponse.

— « Sire, dit-il, en s'adressant à l'Empereur, il faut déshabituer le roi de Naples de ces attaques inutiles et imprudentes qui fatiguent l'avant-garde de l'armée : jamais on n'a prodigué si légèrement le sang des hommes; et, croyez-moi, Sire, ils sont bons à conserver dans une campagne telle que celle-ci.

— « Et le prince d'Eckmulh a trouvé un excellent moyen pour cela, dit Murat avec dédain: c'est d'empêcher ses soldats de se battre. Je croyais qu'il gardait cette recette pour lui. »

L'opiniâtre Davoust, qui avait assez prouvé qu'il était brave et qui voulait surtout prouver qu'il avait raison, s'adressa au roi d'un ton irrité et lui dit :

— « Et à quoi nous ont servi toutes vos attaques téméraires contre une armée qui fait une retraite savamment combinée et décidée d'avance, et contre une arrière-garde qui n'abandonne chacune de ses positions que lorsqu'elle est sûre d'être battue?

— « Et pourriez-vous me dire, répondit le roi presque en ricanant, quand elle les abandonnerait, si on ne l'attaquait pas et si on ne la mettait pas sur le point d'être battue?

— « Elle abandonnerait quelques heures plus tard, s'écria Davoust, qui avait jugé sagement le plan du général russe, parce que cette retraite est un parti pris et invariablement arrêté, qu'on exécutera sans combattre ou en combattant, selon ce que nous ferons. Que gagnerons-nous donc à attaquer des troupes qui se retireront demain si on ne les met en fuite aujourd'hui?

— « De la gloire! répondit Murat.

— « Et nous y perdrons la moitié de l'avant-garde, continua aigrement Davoust, et nous arriverons sans cavalerie à Moscou.

et nous verrons si la gloire du roi de Naples sans un cavalier sous ses ordres nous y sera d'un grand secours. »

Murat exaspéré l'interrompit violemment.

« Monsieur le maréchal, lui dit-il, vous ne trouveriez rien d'imprudent ni d'inutile dans ma conduite, si j'étais sous vos ordres comme vous êtes sous les miens ; on sait que le prince d'Eckmulh n'aime à obéir à personne ; qu'il lui plairait même assez d'être réputé le héros de cette expédition, aux dépens même des plus élevés ; mais je lui jure, moi, qu'il y a part pour tous : qu'il tâche de trouver la sienne. »

Le reproche avait frappé juste. Murat avait appuyé avec intention sur ces mots : *Le prince d'Eckmuhl n'aime à obéir à personne...* et Napoléon avait légèrement froncé le sourcil. Davoust, qui avait compris qu'il avait été attaqué d'un côté par lequel il donnait prise, et pour une chose dont il était souvent accusé, même par l'Empereur, Davoust se hâta de protester que c'était son dévouement seul qui le portait à parler et à agir comme il le faisait. Murat l'interrompit plus violemment encore:

« Alors, dit-il, c'est donc haine contre moi ? Eh bien ! il faut en finir. Depuis l'Egypte, c'est toujours ainsi ; j'en suis fatigué ; et si Davoust veut se rappeler qu'il a été soldat et moi aussi, s'il veut se rappeler qu'il porte un sabre et moi aussi... je lui donne...»

A ces mots, Napoléon, jusque-là indifférent à cette querelle, relève la tête, mesure Murat d'un regard qui fit expirer la parole sur ses lèvres, et lui dit, avec cet accent d'autorité qu'il prenait rarement, mais qui était invincible:

« Le roi de Naples n'a que des ordres à donner au prince d'Eckmuhl. »

Murat, satisfait de cette parole qui, malgré la dureté du ton, établissait son droit de commandement, se retira à son quartier général. L'Empereur, demeuré avec Davoust, lui parla doucement. Mais, mieux secondé dans sa marche ardente et dans son désir d'atteindre l'ennemi pour en obtenir une bataille, par l'impétuosité de Murat que par la sage réserve de Davoust, il lui représenta avec amitié : « qu'on ne « pouvait avoir tous les genres de mérite, « que mener une avant-garde n'était pas « diriger une armée, et que peut-être « Murat avec son imprudence eût atteint « Bagration que lui Davoust avait laissé « échapper par sa lenteur. » Malgré la douceur avec laquelle l'Empereur parla à Davoust, il fut blessé de ces reproches, et il se retira à son tour, plus irrité que jamais contre le roi de Naples. Un heure après, on fit dire à celui-ci qu'on renverrait en

France le premier qui tenterait de pousser plus loin cette querelle.

Le lendemain Murat et Davoust, de concert et d'après l'ordre de l'Empereur, s'emparent de Viazma. Mais le surlendemain le désaccord recommence. Murat retrouve l'ennemi devant lui, et sur-le-champ la pensée de combattre le saisit, l'ordre de l'attaque est donné. Sa cavalerie s'élance immédiatement sur celle des Russes ; l'infanterie de ceux-ci la suit. Murat veut faire avancer la sienne, c'est-à-dire celle que Davoust commande sous ses ordres ; il court vers la division Compans et se met lui-même à sa tête. Mais au même moment arrive le prince d'Eckmuhl qui reproche amèrement à Murat le nouvel et inutile combat qu'il vient d'engager, et lui déclare qu'il ne le soutiendra pas. Il défend à Compans de marcher. Murat renouvelle ses ordres : Davoust résiste plus violemment. A cette insulte la colère du roi de Naples, d'abord furieuse, se calme soudainement, il en appelle à son rang, à son droit : Davoust n'en tient compte, et Compans, incertain, obéit aux ordres de Davoust, son chef immédiat. Alors le roi de Naples se tourne avec un calme inouï pour son caractère, et une dignité superbe, vers Belliard, son chef d'état-major :

— « Belliard, lui dit-il, allez à l'Empereur, dites-lui de disposer du commandement de son avant-garde ; dites-lui qu'il a un général de moins et un soldat de plus. Quant à moi, je vais tirer ces braves gens de l'embarras où je les ai mis. »

Puis, s'adressant à Davoust, il ajoute :

— « Monsieur le maréchal, nous nous reverrons.

— « Sans doute, si vous en revenez, lui répond aigrement celui-ci, en lui montrant ses cavaliers presque en déroute.

— « J'en reviendrai ! » lui réplique Murat avec un regard où se peint toute sa résolution.

Aussitôt, tandis que le prince d'Eckmuhl se retire, Murat court à sa cavalerie, la rallie de la voix, lui montre au premier rang ces panaches hardis et ces dorures étincelantes qui appellent le danger; on l'entoure, on le défend, et comme il va en avant, il se trouve qu'on triomphe encore une fois.

— « Ah ! s'écria Murat, la gloire en est encore à nous seuls. »

Il quitte à ces mots le champ de bataille et rentre dans sa tente. Il y rentre seul, et, tout échauffé de son combat, la main tremblante encore des coups qu'il a portés, il écrit un billet sur un papier gaufré et parfumé. A cet instant Belliard arrive. Murat, sans l'interroger sur le résultat de son message, lui tend le billet.

— « Belliard, lui dit-il d'une voix calme, portez ce billet à Davoust.

— « C'est un cartel ? lui dit Belliard sans prendre le papier.

— « C'est un cartel ! répond froidement le roi de Naples.

— « Je ne le porterai pas », répliqua résolument Belliard.

Ce fut comme une commotion électrique qui frappa Murat à cette réponse. Il se retourne vers son chef d'état-major, le visage plus étonné peut-être qu'irrité.

— « Et vous aussi ? lui dit-il d'une voix sourde et que la colère arrêtait.

— « Sire, sire, s'écria Belliard, vous ne me rendrez pas complice de votre perte ; l'Empereur est résolu, et votre renvoi suivra votre première menace.

— « Eh bien ! qu'il me renvoie ! Il y a à mourir ailleurs qu'ici, répond avec fureur le roi de Naples. Il oublie son armée d'Espagne : qu'il me la donne, qu'il me donne un régiment, qu'il me laisse soldat, s'il veut : je lui dois mon sang, ma vie; mais mon honneur, il est à moi, Belliard ! Entends-tu, Belliard, que mon honneur est à moi et que j'étais brave avant qu'il fût Empereur.... Va porter ce billet, te dis-je...

— « Sire, répond vivement Belliard, vous lui devez aussi une couronne dont vous ne devez pas compromettre la dignité contre un officier de l'Empire....

— « Une couronne ! interrompit Murat de plus en plus exaspéré ; et cette couronne m'a-t-elle empêché d'être insulté en face ? m'a-t-elle fait respecter ? Voici, ajouta-t-il avec une joie cruelle, et en saisissant son sabre et son pistolet, voici qui m'a fait respecter toute ma vie et qui ne m'abandonnera pas... Va donc, Belliard, va donc.

— « Vous êtes roi, lui répond le général, et Davoust refusera.

— « Alors, s'écria Murat, ce sera un lâche !...

— « Ce n'est pas vrai ! » réplique soudainement Belliard en regardant fièrement le roi de Naples.

Murat tenait un sabre et des pistolets. A ce démenti il considéra un moment d'un air de stupéfaction son chef d'état-major calme et résolu devant lui. Tout à coup le visage du roi change d'expression : la colère l'abandonne, une douleur terrible en détend la hautaine majesté, et Murat jette avec violence ses armes ; il les brise ; il déchire ses habits, il arrache ses somptueux ornements, il les foule aux pieds, il suffoque, il pleure :

— « Tu as raison, Belliard, crie-t-il : ce n'est pas un lâche, et il refusera. C'est moi qui suis un misérable roi qui ne peux rien, un roi que peut souffleter le dernier soldat! » Et de grosses larmes roulent dans les yeux du héros, et il laisse tomber sa tête dans ses mains. Belliard profite de ce moment de faiblesse pour lui faire de sages représentations ; il le calme, flatte son orgueil, excite son courage, et finit ainsi :

— « Et si l'Empereur donne à Davoust le commandement de l'avant-garde, Sire, il fera tout ce que vous auriez fait. »

Cette supposition réveille Murat de sa douleur, il se lève, il parcourt sa tente, et son œil sec et brillant lance des éclairs.

« — Oui, oui, dit-il avec feu, je resterai, on ne se bat qu'ici, ici seulement on fait la guerre. Eh bien ! je la lui arracherai. Tout pour moi, rien pour lui, pas une escarmouche, Belliard ; je te jure qu'il ne verra pas un ennemi.

Et il sort de sa tente et court à un avant-poste.

TABLE DES MATIÈRES

	Pages.
Le sapeur de dix ans.	7
Bataille d'Austerlitz.	31
Murat et Davoust.	55

TABLE DES GRAVURES

	Pages.
Bilboquet.	4
D'autres fois, on jouait à main chaude.	10
Voltigeur de la garde.	15
Je veux ta barbe.	22
Que signifie cette mascarade ?	26
Bataille d'Austerlitz.	31
Le maréchal Davoust.	53

POITIERS. — TYPOGRAPHIE OUDIN ET Cⁱᵉ.

Original en couleur

NF Z 43-120-8

www.ingramcontent.com/pod-product-compliance
Lightning Source LLC
LaVergne TN
LVHW051500090426
835512LV00010B/2246